COSAS ASQUEROSAS

TRABAJOS ASQUEROSOS

Un libro de Las Ramas de Crabtree

Julie K. Lundgren
Traducción de Santiago Ochoa

Apoyos de la escuela a los hogares para cuidadores y maestros

Este libro de gran interés está diseñado con temas atractivos para motivar a los estudiantes, a la vez que fomenta la fluidez, el vocabulario y el interés por la lectura. Las siguientes son algunas preguntas y actividades que ayudarán al lector a desarrollar sus habilidades de comprensión.

Antes de leer:

- *¿De qué creo que trata este libro?*
- *¿Qué sé sobre este tema?*
- *¿Qué quiero aprender sobre este tema?*
- *¿Por qué estoy leyendo este libro?*

Durante la lectura:

- *Me pregunto por qué...*
- *Tengo curiosidad por saber...*
- *¿En qué se parece esto a algo que ya conozco?*
- *¿Qué he aprendido hasta ahora?*

Después de la lectura:

- *¿Qué intentaba enseñarme el autor?*
- *¿Qué detalles recuerdo?*
- *¿Cómo me han ayudado las fotografías y los pies de foto a comprender mejor el libro?*
- *Vuelvo a leer el libro y busco las palabras del vocabulario.*
- *¿Qué preguntas me quedan?*

Actividades de extensión:

- *¿Cuál fue tu parte favorita del libro? Escribe un párrafo al respecto.*
- *Haz un dibujo de lo que más te gustó del libro.*

ÍNDICE

BÚSQUEDA DE EMPLEO

¿Qué quieres hacer cuando crezcas? La gente hace todo tipo de trabajos. Algunos trabajos requieren un poco de valentía y un estómago fuerte.

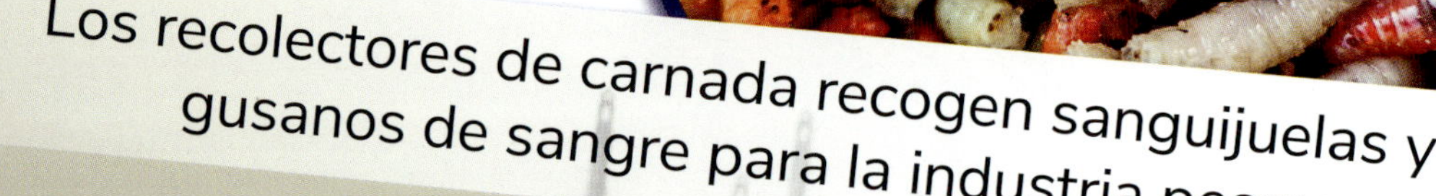

Los recolectores de carnada recogen sanguijuelas y gusanos de sangre para la industria pesquera.

Se busca ayuda: Experto olfateador

Los evaluadores de olores huelen los productos nuevos. ¡Alguien tiene que oler las axilas para ver si el desodorante funciona!

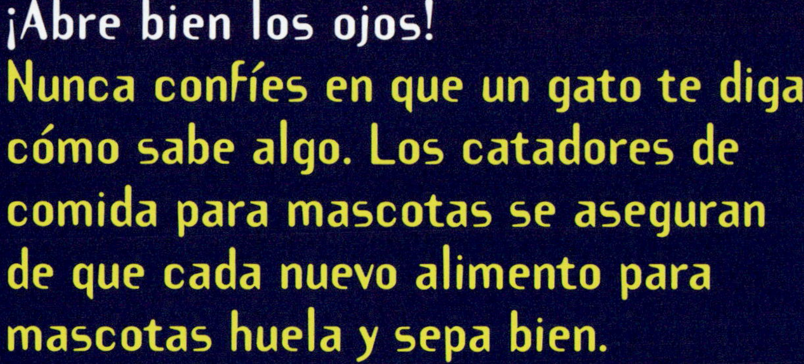

¡Abre bien los ojos!

Nunca confíes en que un gato te diga cómo sabe algo. Los catadores de comida para mascotas se aseguran de que cada nuevo alimento para mascotas huela y sepa bien.

Aunque sea difícil, necesitamos gente que haga estos importantes trabajos. Varios trabajos que son asquerosos y repugnantes para una persona pueden no serlo para la persona adecuada. ¡Inclusive a ti podrían parecerte interesantes!

SANGRE, TRIPAS, MÚSCULOS Y HUESOS

Confiamos en los médicos, las enfermeras y otros trabajadores de hospitales para que nos atiendan cuando las cosas van mal. Los **cirujanos** reparan los cuerpos de las víctimas de accidentes. Sus manos expertas acomodan las partes en su sitio como en un rompecabezas viviente.

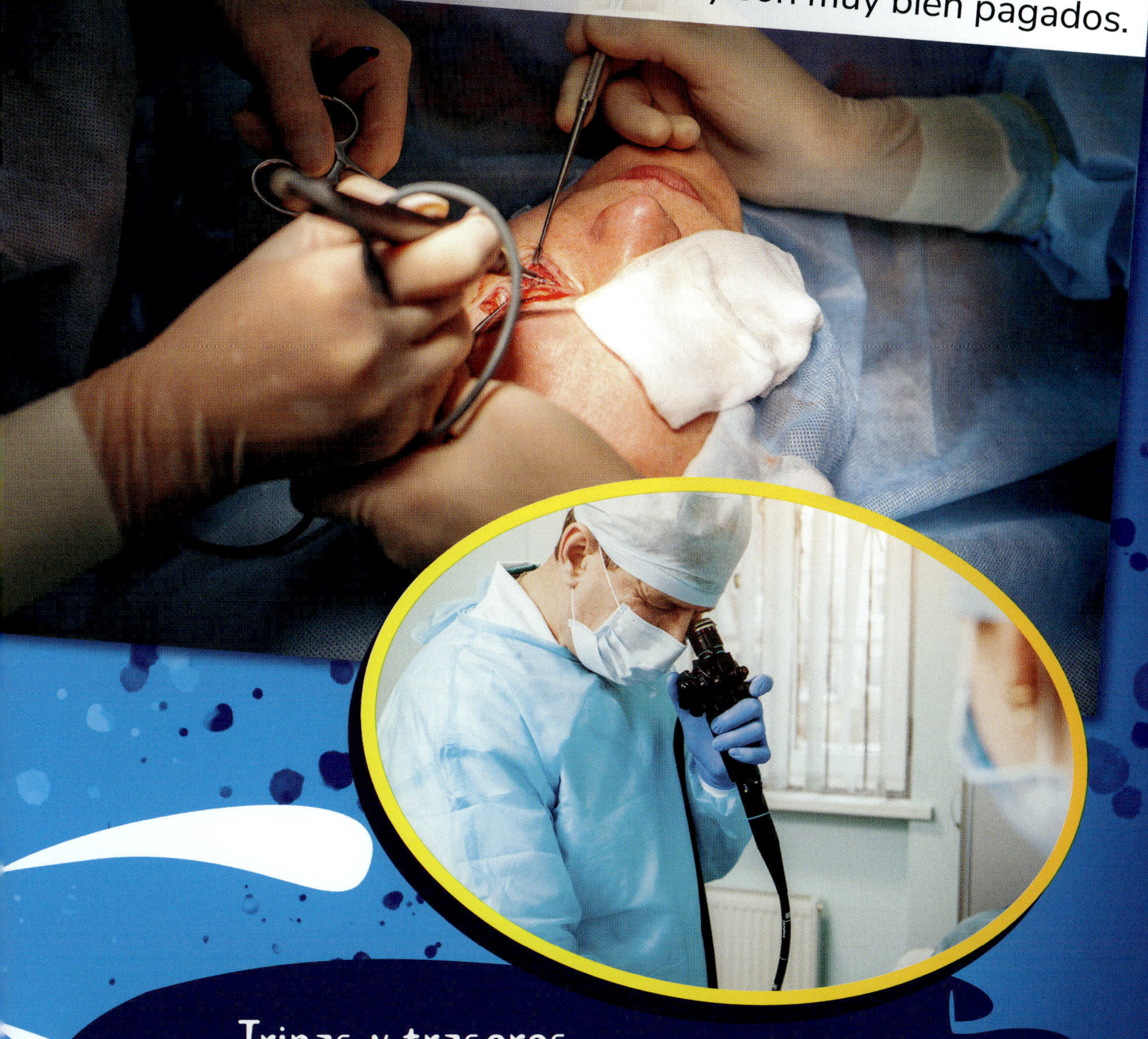
Los cirujanos hacen difíciles y delicadas reparaciones y son muy bien pagados.

Tripas y traseros

Algunos médicos solo trabajan en el sistema digestivo. Los cirujanos **colorrectales** se ponen los guantes cuando tenemos nuestros problemas para expulsar la caca.

Las **heridas** deben limpiarse. Las enfermeras proporcionan el cuidado necesario para las heridas lavándolas regularmente y enjuagando el **pus** maloliente, la sangre y la piel muerta hasta que la herida se cura.

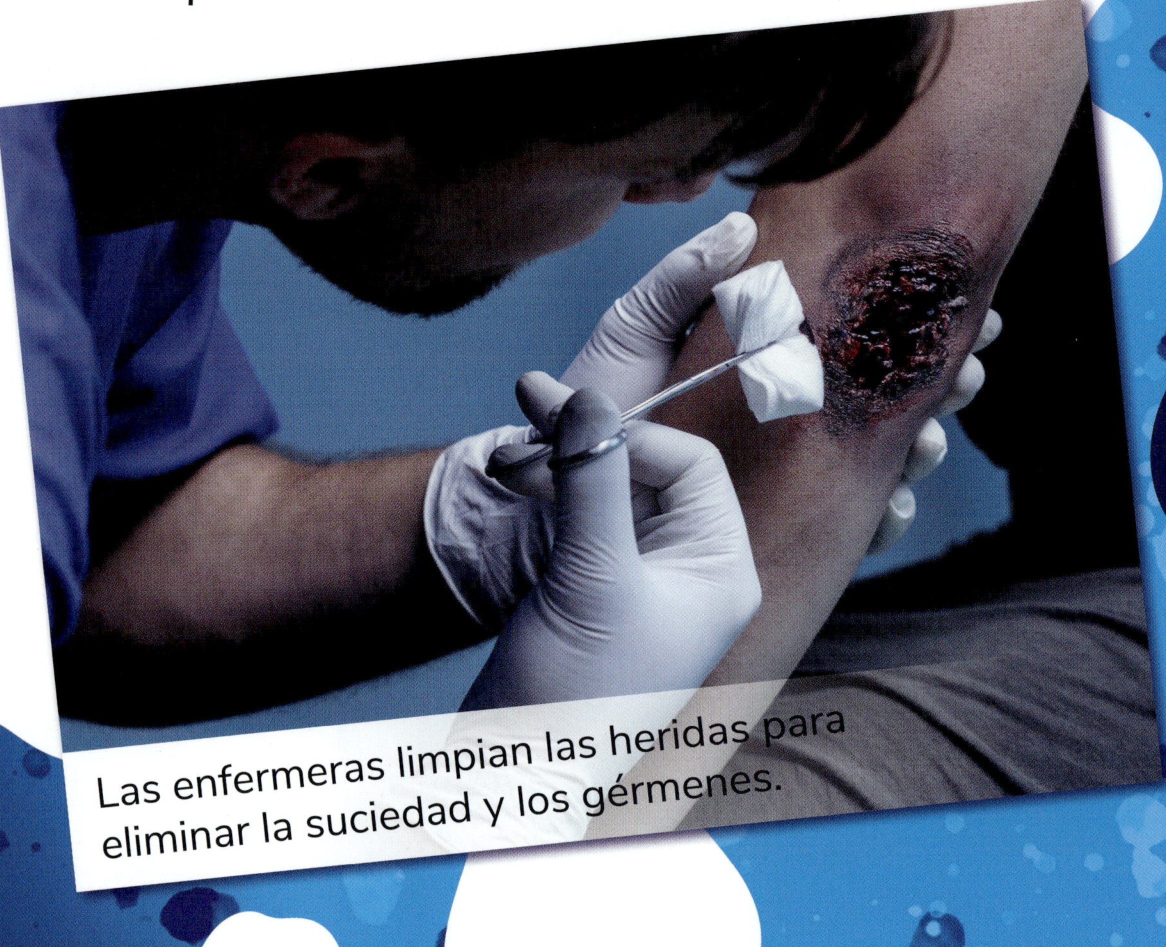

Las enfermeras limpian las heridas para eliminar la suciedad y los gérmenes.

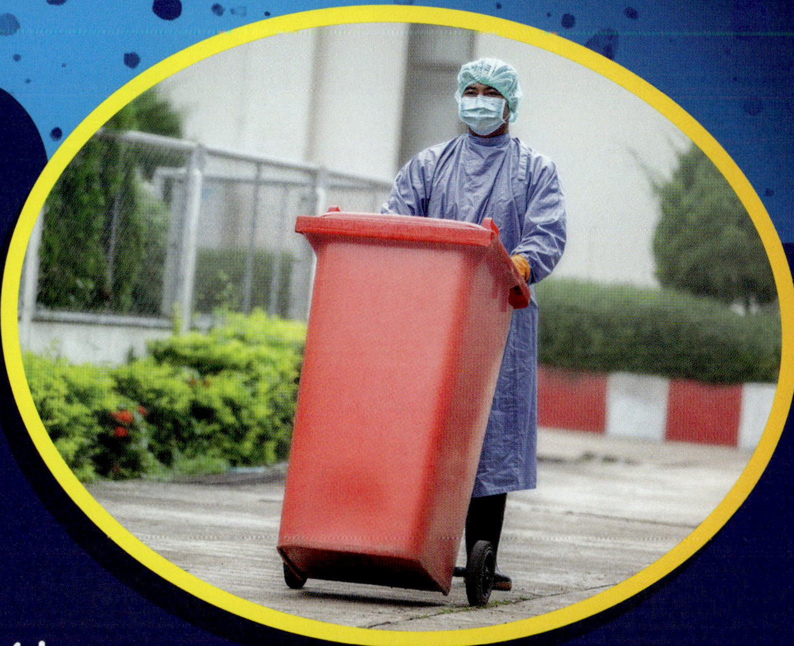

Desechos médicos

Después de una operación, los **técnicos de residuos clínicos** recogen todas las piezas sobrantes, la sangre y los guantes y batas usadas.

Los cadáveres se descomponen rápidamente. Los **patólogos forenses** son médicos de los muertos. Trabajan para entender por qué murió alguien y examinan los cuerpos por dentro y por fuera. Los **embalsamadores** limpian y preparan los cuerpos para su entierro.

¿Podrías trabajar en el turno de noche en un depósito de cadáveres?

¡Momias!

En el antiguo Egipto, los embalsamadores tenían técnicas secretas para preservar los cuerpos de la realeza y de otras personas importantes.

GESTIÓN DE LA PORQUERÍA: CACA, VÓMITO Y BASURA

Todos los días producimos suciedad y **desperdicios.** ¿Quién limpia? El sistema de **alcantarillado** necesita reparaciones. Desde el inodoro a la planta de tratamiento, los plomeros y los trabajadores hacen que el alcantarillado siga funcionando.

Los buzos del alcantarillado encuentran y arreglan problemas apestosos.

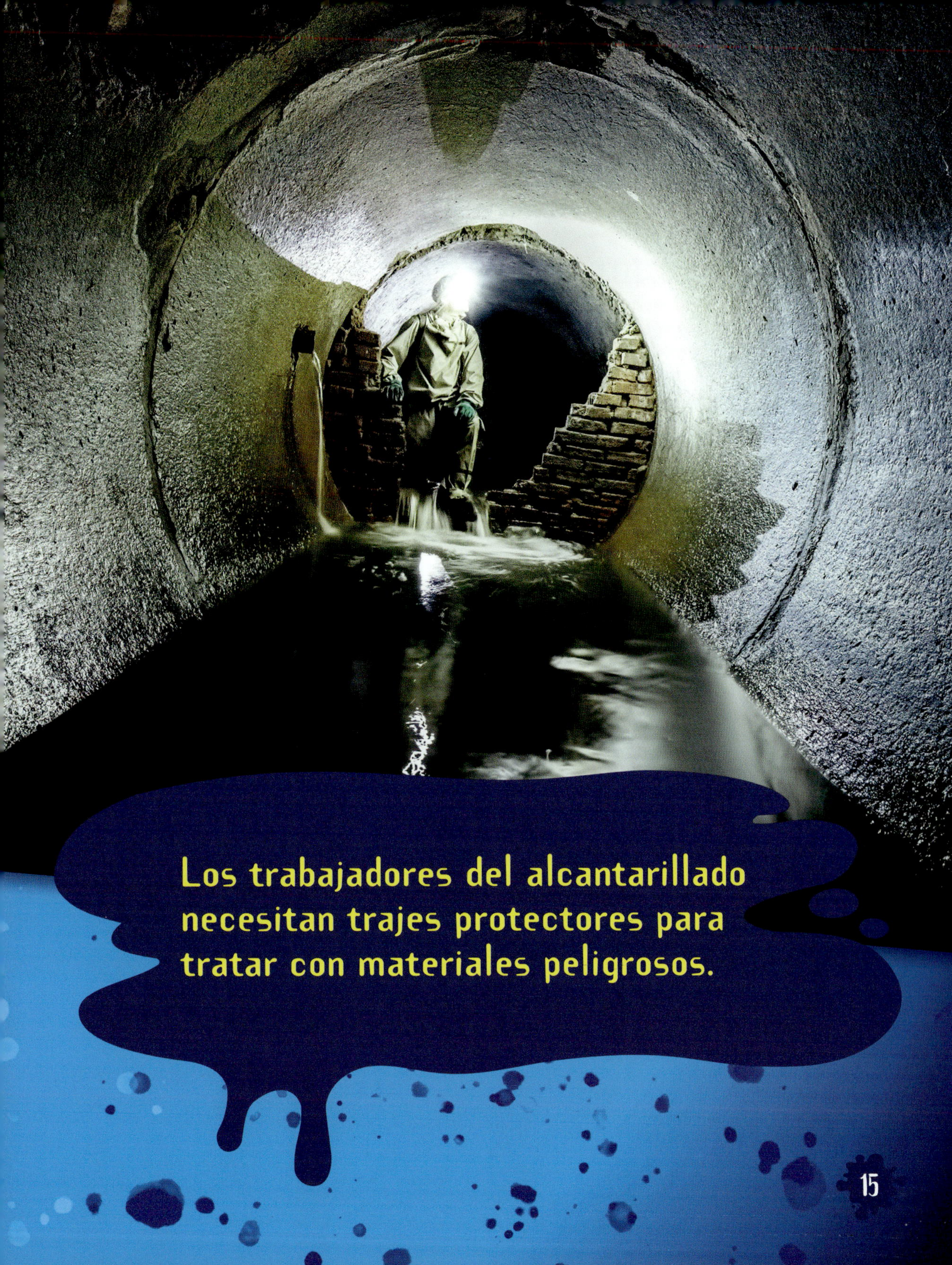

Los trabajadores del alcantarillado necesitan trajes protectores para tratar con materiales peligrosos.

Los porteros mantienen nuestros edificios limpios y seguros. Vómitos, orina, chicles y desperdicios desaparecen gracias a ellos. Las aspiradoras en seco y húmedo aspiran el vómito en un instante.

Los parques de atracciones contratan recogedores de vómitos para cuando los usuarios se marean.

Se busca ayuda: Limpiador de escenas de crimen

Más allá de la cinta amarilla en la escena del crimen, los equipos de limpieza limpian la sangre y las vísceras que quedan después de que los investigadores terminaron de recoger las pruebas y las pistas.

La basura huele a podrido. Pañales sucios, arena de gato usada, comida en descomposición, grasa y otros residuos forman un caldo apestoso. Después de que los camiones recogen la basura, los trabajadores de residuos la clasifican para procesarla.

Los trabajadores de la línea de producción separan desechos dañinos como las baterías.

Reciclaje de alimentos

Algunas escuelas y empresas envían sus restos de comida a las granjas para convertirlos en alimento para los cerdos.

PROFESIONES ESPELUZNANTES

¿Te interesan los insectos? Tal vez te gustaría ser un **entomólogo forense.** Las moscas ponen huevos en cosas muertas, incluyendo a las personas. Los entomólogos forenses calculan cuándo murió la persona basándose en la edad de las **larvas** de moscas.

Los expertos en insectos consideran el efecto de la temperatura en el crecimiento de las larvas.

Esto es una prueba

Las empresas que producen repelentes de mosquitos necesitan probadores de productos. ¡Aplica un poco de repelente y comprueba si los insectos siguen encontrándote apetecible!

Los exterminadores se deshacen de los ratones, cucarachas, arañas, ciempiés, serpientes y otras plagas domésticas. Identifican, rastrean y destruyen a los intrusos no deseados.

¿Cucarachas en la casa? Llama a un exterminador.

Servicio de control de plagas de roedores.

Control de plagas de insectos en el hogar.

Control de plagas en el jardín.

ME GUSTARÍA TRABAJAR CON ANIMALES

¿Te gustan los animales? Los técnicos veterinarios ayudan con los procedimientos médicos de las mascotas. ¿Podrías limpiar plastas, pus, cera de los oídos y ácaros vivos en un oído infectado?

Los técnicos veterinarios comprueban las muestras de caca en busca de parásitos.

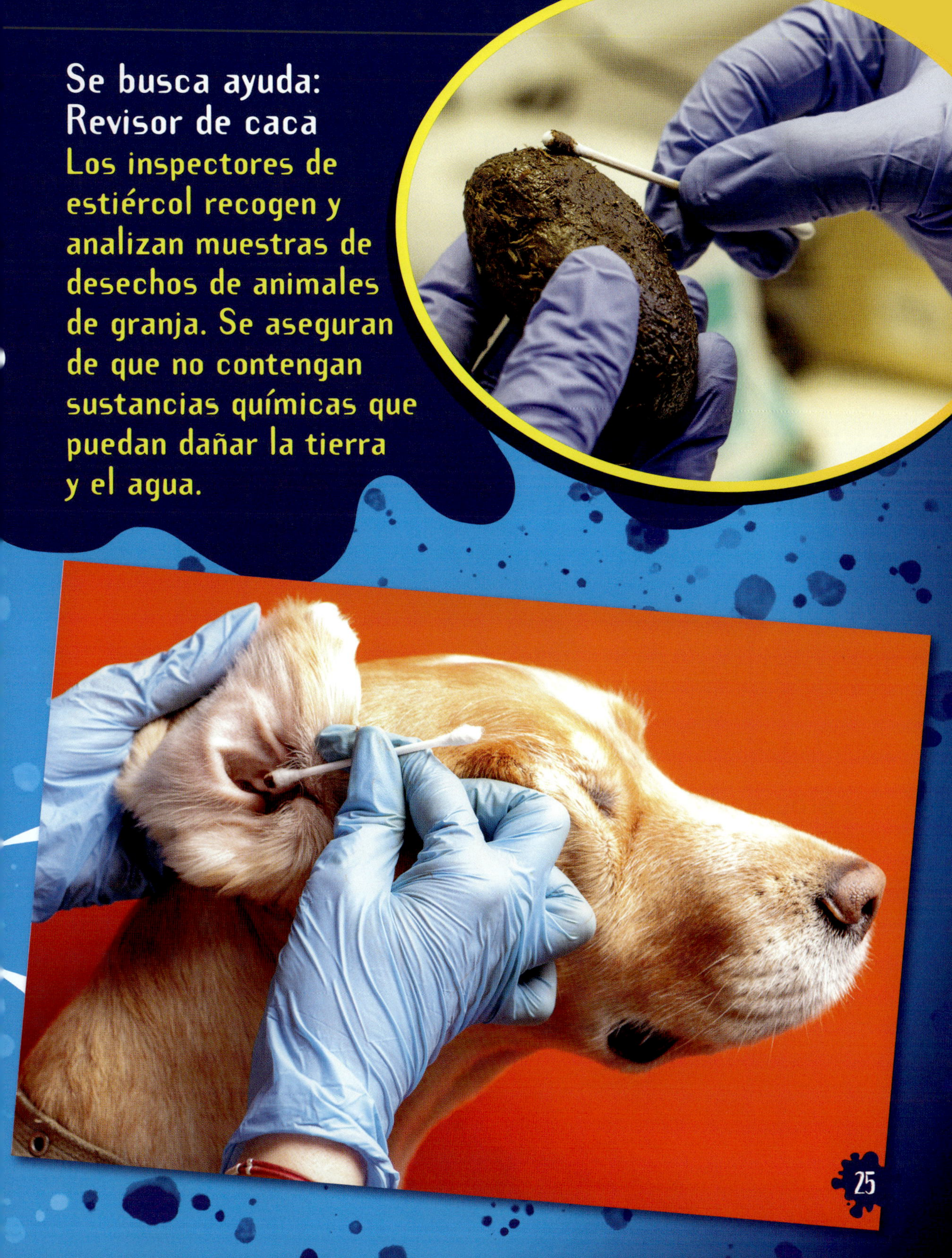

Se busca ayuda: Revisor de caca

Los inspectores de estiércol recogen y analizan muestras de desechos de animales de granja. Se aseguran de que no contengan sustancias químicas que puedan dañar la tierra y el agua.

En las plantas de procesamiento de carne, los animales se convierten en alimento. Los trabajadores cortan y empacan la carne y otras partes. Mantienen los equipos, los pisos y las paredes limpias. Todo se utiliza, desde las pezuñas hasta los cuernos.

Los procesadores de carne visten equipos de protección.

Se busca ayuda: Recogedor de caca

Los jardineros valoran el **guano** de murciélago pues ayuda al crecimiento de las plantas. En las cuevas subterráneas, los recolectores palean guano hacia una aspiradora, que lo succiona hacia un tanque en la superficie.

Los investigadores de museos de la vida silvestre suelen recoger animales atropellados. Anotan el tipo de animal, la fecha, el tamaño, la ubicación y el contenido del estómago. Esta información ayuda a los investigadores a comprender mejor a los animales, dónde viven y qué comen.

Los trabajadores del museo pueden disecar pieles para exhibiciones realistas.

¿Asqueroso y repugnante, o fascinante? Estos desafiantes empleos proporcionan un trabajo significativo para muchas personas.

GLOSARIO

alcantarillado: Tuberías que transportan desechos del cuerpo humano, como la caca y orina.

cirujanos: Médicos altamente capacitados que hacen operaciones difíciles.

colorrectales: Que tienen que ver con la parte inferior del sistema digestivo.

desperdicios: Algo que no se puede o que no es fácil aprovechar.

embalsamadores: Personas que conservan y preparan los cuerpos para su entierro.

entomólogo forense: Científico especializado en insectos. Determina la hora de la muerte de un cadáver mediante el estudio del desarrollo de los insectos en el cuerpo.

guano: Caca de murciélago.

heridas: Cortes, desgarros y rasguños abiertos en el cuerpo.

larvas: En los insectos, la etapa de desarrollo entre el huevo y el adulto.

patólogos forenses: Médicos que trabajan para descubrir por qué murió alguien.

pus: Líquido espeso y apestoso que supura de las heridas infectadas.

técnicos: Personas capacitadas que realizan trabajos prácticos o resuelven problemas cotidianos.

ÍNDICE ANALÍTICO

SITIOS WEB (PÁGINAS EN INGLÉS):

www.knowitall.org/series/kids-work

https://careerkids.com/pages/career-research

ACERCA DE LA AUTORA

Julie K. Lundgren

Julie K. Lundgren creció en la orilla norte del Lago Superior, un lugar con bosques, agua y aventura. Le encantan las abejas, las libélulas, los árboles viejos y la ciencia. Ella tiene un lugar especial en su corazón para los animales repugnantes pero geniales. Sus intereses la llevaron a obtener una licenciatura en Biología y una permanente curiosidad por los lugares salvajes.

Produced by: Blue Door Education for Crabtree Publishing
Written by: Julie K. Lundgren
Designed by: Jennifer Dydyk
Edited by: Tracy Nelson Maurer
Proofreader: Crystal Sikkens
Translation to Spanish: Santiago Ochoa
Spanish-language layout and proofread: Base Tres
Print and production coordinator: Katherine Berti

Photographs: Cover splat art (on cover and throughout book) © SpicyTruffel page 4 (top) © NahomaLand, (bottom) © Cloud Yew, page 5 woman © Olena Zaskochenko, man © DWaschnig, page 6 bowl of food © Konstantin Faraktinov, scientist © Andrew Rybalko, cat with speech bubbles © KAMONRAT, page 7 © SatawatK, page 8 © Chaikom, page 9 (top) © Gerain0812, (bottom) © Roman Zaiets, page 10 © Photographee.eu, page 11 (top) © Tong_stocker, (bottom) © MAGNIFIER, page 12 (top) © Huseyin Aldemir, (bottom) © Giannis Papanikos, page 13 (top) © Cavan-Images, (bottom) © Andrea Izzotti, page 15 © Vladimir Mulder, page 16 © Robie Online, page 17 (top) © Tomacco, (bottom illustration) © chanwity, crime scene tape © Mega Pixel, page 18 workers © Photick, trash © DeawSS, page 19 (top) © riedjal, (bottom) © MagicBones, page 20 larvae © Astrid Gast, thermometer © meaculpa_1, page 21 (top) © Kwangmoozaa, (bottom) © StockMediaSeller, page 22 exterminator © Elnur, roaches © TIGER KINGDOM, rockes on backs © Rattiya Thongdumhyu, page 23 illustration © Visual Generation, rat © torook, page 24 © Adao, page 25 (top) © Fat Jackey, (bottom) © Igor Chus, page 26 © (top) © vodograj, (bottom) © TRphotomaker, page 27 (top) © Stephen Bonk, bats © Teguh Mujiono, (bottom) © sasimoto, page 28 (top) © NTL Photography, (bottom) © Nussar, page 29 © Brothers Art. All images from Shutterstock.com except cover © Photovs | Dreamstime.com, page 14 diver courtesy of U.S. Coastgard

Library and Archives Canada Cataloguing in Publication

Title: Trabajos asquerosos / Julie K. Lundgren ; traducción de Santiago Ochoa.
Other titles: Gross and disgusting jobs. Spanish
Names: Lundgren, Julie K., author. | Ochoa, Santiago, translator.
Description: Series statement: Cosas asquerosas | Translation of: Gross and disgusting jobs. | Includes index. | "Un libro de las ramas de Crabtree". | Text in Spanish.
Identifiers: Canadiana (print) 20210283475 | Canadiana (ebook) 20210283483 | ISBN 9781039612877 (hardcover) | ISBN 9781039612938 (softcover) | ISBN 9781039612990 (HTML) | ISBN 9781039613058 (EPUB) | ISBN 9781039613119 (read-along ebook)
Subjects: LCSH: Occupations—Juvenile literature. | LCSH: Occupations—Miscellanea—Juvenile literature. | LCSH: Job descriptions—Juvenile literature. | LCSH: Job descriptions—Miscellanea— Juvenile literature.
Classification: LCC HF5381.2 .L8618 2022 | DDC j331.702—dc23

Library of Congress Cataloging-in-Publication Data

Names: Lundgren, Julie K., author. | Ochoa, Santiago, translator.
Title: Trabajos asquerosos / Julie K. Lundgren ; traducción Santiago Ochoa.
Other titles: Gross and disgusting jobs. Spanish
Description: New York : Crabtree Publishing Company, 2022. | Series: Cosas asquerosas - un libro de las ramas de Crabtree | Includes index.
Identifiers: LCCN 2021036966 (print) | LCCN 2021036967 (ebook) | ISBN 9781039612877 (hardcover) | ISBN 9781039612938 (paperback) | ISBN 9781039612990 (ebook) | ISBN 9781039613058 (epub) | ISBN 9781039613119
Subjects: LCSH: Occupations--Juvenile literature. | Job descriptions--Juvenile literature.
Classification: LCC HF5381.2 .L8618 2022 (print) | LCC HF5381.2 (ebook) | DDC 331.702--dc23
LC record available at https://lccn.loc.gov/2021036966
LC ebook record available at https://lccn.loc.gov/2021036967

Crabtree Publishing Company
www.crabtreebooks.com 1-800-387-7650

In Canada: We acknowledge the financial support of the Government of Canada through the Canada Book Fund for our publishing activities.

Published in the United States
Crabtree Publishing
347 Fifth Avenue
Suite 1402-145
New York, NY, 10016

Published in Canada
Crabtree Publishing
616 Welland Ave.
St. Catharines, Ontario
L2M 5V6

Printed in the U.S.A./092021/CG20210616